JUGUEMOS

El baloncesto

Karen Durrie

AV2 BY WEIGL
SPANISH & ENGLISH eBOOKS
ADDED VALUE • AUDIO VISUAL

This **AV²** media enhanced book gives you a fully bilingual experience between English and Spanish to learn the vocabulary of both languages.

English

Spanish

AV² Bilingual Navigation

CHANGE LANGUAGE
ENGLISH SPANISH

LANGUAGE TOGGLE

BACK NEXT **PAGE TURNING**

Ganamos el partido. Nos sentimos cansados y felices. Me encanta el hockey.

X CLOSE

HOME

JUGUEMOS
El baloncesto

CONTENIDO

Me encanta el baloncesto. Hoy voy a jugar al baloncesto.

4

Como un PROFESIONAL

El baloncesto fue inventado hace más de 100 años.

Me visto para el baloncesto.
Me pongo mi camiseta roja.

Como un PROFESIONAL

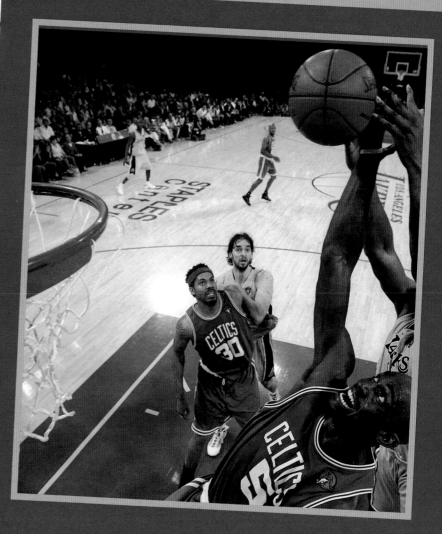

Los jugadores de un equipo usan el mismo color.

Me pongo pantalones cortos.
Me pongo zapatos con suelas
de goma.

Como un PROFESIONAL

Cuando juego me da calor. Mi ropa me ayuda a mantenerme fresco.

9

Tengo una pelota
de baloncesto.
Es redonda y de
color naranja.
Ella rebota.

10

Como un PROFESIONAL

Las pelotas de baloncesto tienen una bolsa de goma en su interior.

Voy a la cancha de baloncesto. Me encuentro con mis amigos. Formamos un equipo.

Como un PROFESIONAL

Hay muchas líneas y círculos en la cancha.

El partido comienza. Yo hago rebotar la pelota. Le paso la pelota a mi equipo.

Como un PROFESIONAL

Hacer rebotar la pelota de baloncesto mientras me muevo se llama regateo.

Corro rápidamente. El otro equipo trata de quitarme la pelota.

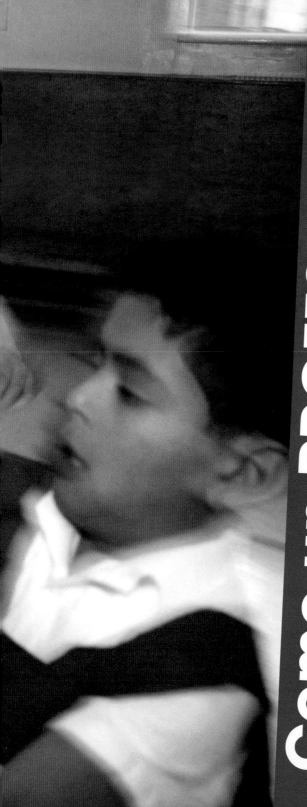

Como un PROFESIONAL

No puedo golpea ni empujar a otros jugadores para quitarles la pelota.

Yo arrojo la pelota al cesto. La pelota entra. Mi equipo vitorea.

Como un PROFESIONAL

Algunos jugadores son muy altos. Uno de los más altos mide 7'6".

Me encanta
el baloncesto.

DATOS SOBRE EL BALONCESTO

Esta página proporciona más detalles acerca de los datos interesantes que se encuentran en este libro. Basta con mirar el número de la página correspondiente que coincida con el dato.

Páginas 4–5

El baloncesto fue inventado en 1891 por un maestro de educación física canadiense llamado Dr. James Naismith. En los primeros juegos se usaron cestos de duraznos. Originalmente las pelotas tenían que ser recogidas de los cestos con una escalera cada vez que un jugador anotaba. Más tarde se comenzó a usar una red con un agujero.

Páginas 6–7

Usar el mismo color permite que los jugadores identifiquen de un vistazo quienes son de su equipo. Si dos equipos se presentan usando el mismo color, uno de los equipos se pondrá camisetas de otro color sobre sus camisetas para que se pueda ver la diferencia entre los equipos.

Páginas 8–9

El baloncesto es un juego de ritmo rápido donde se corre mucho. Camisetas sin mangas y pantalones cortos holgados permiten la comodidad y la facilidad de movimiento. Lo más importante son los zapatos. Estos son livianos para que los jugadores puedan correr rápidamente, y las suelas de goma previenen que se resbalen en el piso de madera.

Páginas 10–11

Las pelotas de baloncesto tienen una válvula pequeña al costado para inflar la pelota si se ablanda mucho. La pelota no rebota muy bien a menos que esté llena de aire.

Páginas 12–13

Las líneas en el piso les muestran a los jugadores dónde no deben salir fuera con la pelota. El juego empieza en el círculo central. Otras líneas muestran desde dónde deben tirar la pelota para conseguir tres puntos y en dónde pararse para los tiros libres.

Páginas 14–15

El jugador con la pelota debe regatear, pasar o lanzar. Una vez que el jugador toca la pelota con ambas manos, no puede continuar regateando. Los jugadores tienen 24 segundos para tirar al cesto, o le deben dar la pelota al otro equipo.

Páginas 16–17

El baloncesto no es un deporte de contacto. Si el jugador golpea o empuja a otro jugador, se lo sanciona. El árbitro le puede dar al otro equipo tiros libres al cesto o un saque de banda en los márgenes, dependiendo de dónde ocurrió la falta.

Páginas 18–19

Personas de cualquier estatura pueden jugar al baloncesto. Los equipos profesionales a menudo buscan jugadores altos porque tienen piernas más largas para saltar y brazos más largos para alcanzar el cesto. Uno de los jugadores más altos es Yao Ming, quien mide 7'6". El juega para el equipo del NBA Houston Rockets.

Páginas 20–21

Para jugar un deporte hay que tener el equipo y un lugar especial donde hacerlo. También hay que preparar el cuerpo para trabajar duro. La buena alimentación ayuda a que el cuerpo haga el mejor trabajo posible; también fortalece los huesos y les da energía a los músculos. Un bocadillo y bebida después de practicar deportes ayuda a reemplazar la energía gastada.

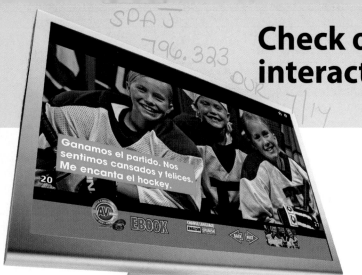

Ganamos el partido. Nos sentimos cansados y felices. Me encanta el hockey.

Check out av2books.com for your interactive English and Spanish ebook!

1 Go to av2books.com

2 Enter book code

T637546

3 Fuel your imagination online!

www.av2books.com

Published by AV² by Weigl
350 5th Avenue, 59th Floor New York, NY 10118
Website: www.av2books.com   www.weigl.com

Durrie, Karen.
  [Basketball. Spanish]
 Al baloncesto / Karen Durrie.
    p. cm. -- (Juguemos)
 ISBN 978-1-61913-199-6 (hardcover : alk. paper)
 1. Basketball--Juvenile literature. I. Title.
 GV885.1.D8713 2012
 796.323--dc23
                              2012018896

Printed in the United States of America in North Mankato, Minnesota
1 2 3 4 5 6 7 8 9 0 16 15 14 13 12

012012
WEP100612

Senior Editor: Heather Kissock
Art Director: Terry Paulhus

Weigl acknowledges Getty Images as the primary image supplier for this title.